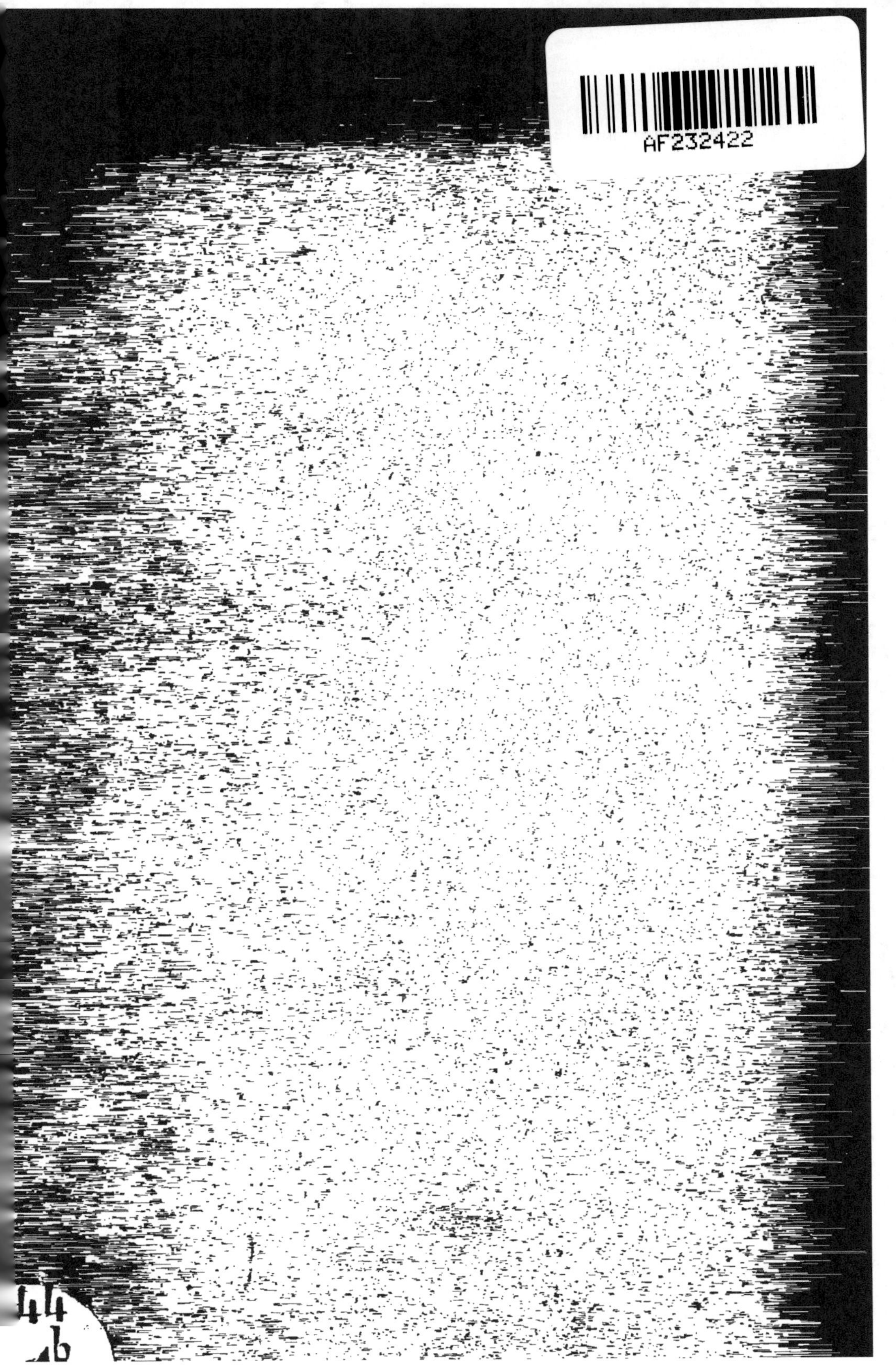
AF232422

LE GRAND CAPITAINE

LE
GRAND CAPITAINE

PAR

M. COFFIN

JUGE DE PAIX DE SAINT-POL (PAS-DE-CALAIS).

ARRAS

TYP. SCHOUTHEER, RUE DES TROIS-VISAGES.

MDCCCLXIX

LE GRAND CAPITAINE.

La prospérité d'une nation contient la richesse et la gloire. C'est notre gloire élevée au suprême degré que l'on va célébrer où Napoléon Ier a vu le jour. Préparons-nous donc à lui rendre hommage; essayons de mettre en évidence le génie de cet homme extraordinaire dans les fastes de la guerre. Reconnaissons d'abord que c'est le hasard plus que les grandes pensées, qui, dans la marche ordinaire des choses, gagne les batailles. Les Alexandre, les Annibal, les César sont rares. La guerre, ce fléau du genre humain, exige cependant l'art le plus difficile, un art prodigieux. Quand les grands généraux manquent, ce sont des hommes ordinaires qui con-duisent les armées. Alors, la fortune est pour beaucoup dans les succès et dans les revers, et l'art militaire devient une routine purement mécanique, consistant à pousser et à tuer l'ennemi que l'on a devant soi. Mais si l'on voit une masse d'hommes mise en mouvement par une seule et vaste pensée, qui conserve sa force et sa netteté au milieu du tumulte des armes, le spectacle que l'on contemple est digne à la fois de l'homme intelligent et du philosophe.

Tout est important dans cet art de vaincre. La plus petite précaution engendre souvent un grand succès. Tous les chefs d'armées sont tenus, quelque soit leur mérite, de soigner d'abord l'organisation de ces armées, leur approvisionnement en vivres et en matériel de guerre. C'est un travail qui n'exige que la connaissance d'une science militaire progressant avec les siècles, sans être une œuvre du génie. On la trouve, cette science vulgaire, dans la lettre de Napoléon au maréchal Davoust, en date du 7 juin 1813, et dans les lettres suivantes, sur la défense de Hambourg. Elles sont remplies de détails minutieux qui prouvent que le grand homme avait autant d'étendue dans l'esprit que de profondeur. Il descendait sans effort des plus grandes choses aux plus petites, et coordonnait tout avec une sûreté et une précision admirables. Mais quand un homme supérieur manque, on peut encore parvenir à tout cela avec des facultés secondaires. Ce qui demande plus d'aptitude, c'est un concours juste de toutes les vues de détail pour faire arriver les corps d'armées sur le terrain où la rencontre des combattants est probable. Là le concert préconçu est presque toujours modifié par les chocs inattendus qui ont lieu sur le champ de bataille. Il faut aussi, sans oublier le plan que l'on s'est fait avant l'action, profiter de toutes les fautes que l'ennemi commet dans la mêlée, des moments où il hésite, des accidents du sol, bois, marais, ravins, mamelons, routes, rivières. Napoléon excellait à porter remède sur l'instant aux événements imprévus avec une perspicacité extraordinaire. Voyez, au contraire, le défaut de prévoyance chez ses ennemis. Les Russes, à la bataille d'Austerlitz, pensent-ils aux lacs qu'ils ont derrière eux? Benigsen, à la bataille de Friédland, ne croit pas que l'on puisse détruire les quatre ponts construits pour sa retraite. Dans ces choses, on réussirait souvent avec une capacité secondaire, mais toujours mieux lorsque des traits de génie se mêleront aux efforts des esprits moins élevés. Comme Napoléon ne voyait rien à demi, ses résolutions étaient plus hardies, plus fermes et plus efficaces.

Ce qui domine ces choses déjà bien grandes, ce sont les plans de campagne ou de batailles qui n'appartiennent qu'au génie. C'est par cette rare originalité que brille Napoléon. Son grand principe était de réunir toute son armée sur un point et de la transporter sur d'autres, selon les circonstances, en moins de temps qu'il était possible, profitant en réalité de toutes les minutes. Cette activité inouïe jusqu'alors est le secret de ses triomphes.

Nommé général en chef de l'armée d'Italie, à l'âge de 27 ans, il arrive à Nice le 26 mars 1796. Il commence sa carrière par mettre en pratique la tactique de son invention. Avec la masse de son armée, il force les gorges de Millesimo pour être maître de la route du Piémont ; il enlève Dégo pour s'ouvrir la route de la Lombardie. Maître de ces deux routes, il empêche la jonction des Autrichiens et des Piémontais et les bat séparément. Au milieu de ces brillantes opérations se place un fait d'arme dramatique, le passage du pont de Lodi. Voilà le glorieux début de notre grand capitaine. Il écrit au Directoire, « ma marche a été aussi prompte que ma « pensée, » et de Beaulieu, son adversaire, « cet homme « a l'audace de la fureur, et non celle du génie. »

II.

L'Autriche renforça son armée et en donna le commandement à Wurmser, qui avait quatre-vingt mille hommes contre quarante mille que dirigeait Napoléon. Joséphine pleurait en envisageant les dangers que son époux allait braver. Il la quitta en lui adressant ces paroles : « Wurmser va me payer cher les pleurs qu'il te fait répandre. » Après la destruction de cette armée autrichienne, il fait connaître en ces termes au Directoire son plan aussi profond que praticable : « Je sentis qu'il « fallait adopter un plan vaste. L'ennemi, en descen- « dant du Tyrol par Brescia et l'Adige me mettait au « milieu. Si l'armée républicaine était trop faible pour « faire face aux divisions de l'ennemi, elle pouvait battre

« chacune d'elles séparément et, par ma position, je
« me trouvais entre elles. Il m'était donc possible en
« rétrogradant rapidement d'envelopper la division en-
« nemie descendue de Brescia, la prendre prisonnière et
« la battre complètement, et de là revenir sur le Mincio,
« attaquer Wurmser et l'obliger à repasser dans le Ty-
« rol ; mais, pour exécuter ce projet, il fallait, dans vingt-
« quatre heures, lever le siège de Mantoue, qui était sur
« le point d'être pris ; car il n'y avait pas moyen de re-
« tarder six heures, il fallait pour l'exécution de ce pro-
« jet repasser sur le champ le Mincio et ne pas donner
« le temps aux divisions ennemies de m'envelopper. La
« fortune a souri à ce projet, et les combats de Dezenza-
« no, les deux combats de Palo, la bataille de Lonado,
« celle de Castiglione en sont les résultats. »

En effet, l'armée autrichienne descendait des deux
côtés du lac Garda vers sa pointe où se trouvent Dezen-
zano et Peschiera. Il n'y avait pas un moment à perdre
pour empêcher la jonction des deux moitiés de cette
armée ; Napoléon ne l'a pas perdu. Il fallait mesurer au
temps la largeur de cette pointe, qui est de quatre à cinq
lieues. Tout a été combiné et en cinq jours l'armée en-
nemie a été culbutée. Pendant ce temps Napoléon par-
tout avait crevé cinq chevaux. C'est ainsi qu'une grande
âme communique son feu à ses semblables. Mais elle
s'arrête quand cela est nécessaire, à la dernière bataille
de cette campagne, celle de Castiglione, il maintient son
armée immobile jusqu'à ce qu'il entende le feu de Ser-
rurier sur les derrières de Wurmser, comme il fit de-
puis à Wagram avant que Davoust eût dépassé la tour
de Nensiédel. La victoire fut le fruit de toutes ses sa-
vantes manœuvres.

C'est ce même plan que Napoléon a mis en œuvre dans la belle, mais pénible campagne de France en 1814.

III.

Plus tard dans cette Italie où le Directoire marchandait les renforts à Napoléon, le voici plus désespéré que jamais ; il n'a plus que treize mille hommes contre une troisième armée commandée par Alvinzi. Bien des batailles n'exigent que des conceptions ordinaires ; mais la bataille d'Arcole est un coup de génie imaginé pour sortir d'un grand découragement, une résolution qu'inspire le désespoir aux hommes supérieurs. Il fallait chercher un moyen de vaincre quarante mille hommes avec treize mille exposés à être pris si on les laissait inactifs. Un homme de génie seul pouvait trouver dans une étroite chaussée un champ de bataille extraordinaire, propre à nous assurer la victoire. Cette bataille ressemble, en son genre, à la fameuse réplique de Mirabeau à Barnave, inspirée par la persécution. Malheur à qui persécute le génie ! Dans ses mémoires, Napoléon explique ainsi son plan : « Le pont de l'Adige fut jeté « vis-à-vis de Ronco sur la droite de l'Alpone, entre « l'embouchure de cette rivière et Vérone, et non vis-à- « vis d'Albarédo au-dessous de l'embouchure de l'Alpone 1° parce que les hussards autrichiens occupaient le « village d'Albarédo, et que, si l'on y avait jeté le pont, « ils eussent donné l'éveil à Alvinzi ; 2° l'armée française « n'était que de 13.000 hommes, elle ne pouvait avoir

« aucun espoir dans l'état des choses, de battre 40,000
« hommes dans une plaine ouverte où les lignes eus-
« sent pu se déployer, mais sur des digues environnées
« de marais, les têtes de colonnes seules se battraient, *le
« nombre serait sans influence.* »

IV.

Chez les peuples musulmans, la grandeur de Napoléon revêt le merveilleux de la vie et de l'imagination
orientales. On se souviendra éternellement de ces mémo-
rables paroles adressées à ses soldats : « du haut de ces
pyramides quarante siècles vous contemplent » et de
l'enthousiasme de Kléber, qui, à la bataille d'Aboukir
le prend dans ses bras en lui disant : « Général, vous
êtes grand comme le monde. »

Revenu en France et revêtu du pouvoir suprême, il
entreprend une nouvelle campagne contre la maison
d'Autriche. C'est le passage des Alpes, à l'imitation d'Annibal, mais avec le matériel de l'artillerie, qui est l'extraordinaire de cette campagne. La célèbre bataille de
Marengo n'a rien autre chose de saillant dans le plan
qui la prépare, que l'extrême valeur des soldats français conduits par Bonaparte et le malheureux Desaix.

V.

En 1802, le Premier Consul réunit à Boulogne la plus belle et la plus vaillante armée qu'il y ait eu au monde, exercée pendant trois ans dans les camps. Il transporte, en septembre 1805, avec le plus grand mystère, cent mille hommes de Boulogne à Strasbourg, et ce qui nous paraît difficile à croire, à nous, qui avons les chemins de fer et les télégraphes, les Autrichiens ne s'en doutèrent pas ; puis, au delà du Rhin, et par une route qui longe les Alpes de Souabe, couronnées de la forêt noire, il côtoie cette forêt avec Lannes et Ney pendant quarante lieues, s'attendant à voir Mack déboucher par l'un des défilés qui séparent ces montagnes et montrant à chaque défilé par sa cavalerie légère que toute l'armée française pouvait être là. Si Mack avait paru, l'Empereur attirait à lui le maréchal Soult et le maréchal Davoust, qui marchaient sur deux routes parallèles à la première. Mais Mack, qui était à Ulm avec quatre-vingt mille hommes, par ordre du Conseil aulique, ne savait rien. Quand il apprit que l'armée française paraissait dans la plaine de Nordlingen, il entrevit qu'il était perdu, s'il ne trouvait pas moyen de fuir, et fut bientôt forcé de se rendre avec les trente mille hommes qui lui restaient.

Dans le premier bulletin de la grande armée, daté de Nordlingen, Napoléon divulgue son plan. « Ce grand « et vaste mouvement, dit-il, nous a fait éviter les montagnes noires, nous a placés à plusieurs marches

« derrière l'ennemi, qui n'a pas de temps à perdre pour
« éviter sa perte entière. » Le 10 octobre, il écrit au
prince Eugène : « Je tiens l'ennemi acculé et cerné dans
« Ulm. » Et le 12, au maréchal Soult : « Assemblez vos
« généraux et dites-leur que cette journée d'Ulm doit
« être dix fois plus célèbre que celle de Marengo. »
En effet, cette grande manœuvre ne sortira pas de la
mémoire des hommes, d'autant plus admirable qu'elle
a épargné le sang français. Aussi l'Empereur disait
alors de ses soldats : « C'est pour épargner leur sang
« que je leur fais essuyer de si grandes fatigues. »

Note sur les mouvements de la grande armée.

Saint-Cloud, 12 septembre 1805.

	6 vend.	14	17	24
BERNADOTTE,	Wursburg.	Auspach,	Nuremberg,	Ratisbonne.
MARMONT,	id.	id.	id.	id.
DAVOUST,	Manheim,	Mergentheim,	Auspach,	Dietfurt.
NEY,	Seltz,	Crailsheim,	Weissenburg,	Jugolstadt.
LANNES,	Strasbourg,	Gmünd,	Nordlingen,	Neuburg.
SOULT,	Landau,	Aalen,	Donawœrth.	

Cette note, de la main de l'Empereur, trace, vingt-cinq jours à
l'avance, l'ensemble des opérations qui ont déterminé la capitu-
lation d'Ulm, le 17 octobre 1805. *Correspondance de Napoléon,*
1805, p. 287.

VI.

En juin 1807, l'armée française était campée entre la Passarge et la Vistule. Le plan de Napoléon avait pour but de séparer les Russes de la mer en les rejetant sur l'Alle, et de prendre Kœnisberg. Afin de sauver cette ville et de satisfaire l'impatience de l'empereur Alexandre, Bénigsen s'empressa de provoquer la bataille de Friédland. Il fit la faute de déboucher dans le coude de l'Alle qui entoure cette petite ville, et où il est difficile de se déployer. Les généraux français voulaient remettre l'attaque au lendemain. « Non, non, dit Napoléon; « on ne surprend pas deux fois l'ennemi en pareille « faute. » Et appréciant à l'instant même cette faute immense, il lança Ney sur les masses de l'armée russe pour la jeter dans la rivière et détruire les quatre ponts qui devaient lui servir de retraite. Cette opération audacieuse et sanglante gagna la bataille. Ce n'est rien toutefois, dans l'art de la guerre, que le dessein conçu de renfermer Bénigsen dans le coude de l'Alle et de lui détruire ses ponts, si l'on n'a pas un lion comme le maréchal Ney et des soldats comme ceux de la France.

Arras, typ. Schoutheer.

www.ingramcontent.com/pod-product-compliance
Lightning Source LLC
LaVergne TN
LVHW050354030726
842520LV00005B/2095